SB

SPIRITUAL BUT

NR

NOT RELIGIOUS

ECONOMY

SBNRエコノミー

「心の豊かさ」の探求から生まれる新たなマーケット

株式会社博報堂
ストラテジックプランニング局
宮島達則・橋本明意・伊藤幹・坪井克諭

株式会社
SIGNING
牧貴洋

宣伝会議

はじめに

なんでも「見える化」のエビデンスの時代に目に見えない価値を考えたい

現代は、経済、社会、政治、さらには日常生活においても、あらゆるものの価値・意味・意義が**「見える化」**される時代です。データが駆動する世界では、技術やサービスはもちろん、政策や生活習慣に至るまで、あらゆる選択が**「エビデンス」**に基づいて語られるようになっています。

例えば、これまで人の経験や勘などの暗黙知に頼っていた職人技は**「データ化」**されて再現可能なものとなり、熟練の技もＡＩやロボットが学ぶデータの一部として取り扱われます。ＳＮＳの普及により**「映える消費」**が重視され、見た目の美しさが商品やサービスの価値を大きく左右するようにもなりました。人・モノの流れや行動データを基にしたスマートシティ構想は、まちの効率性と生産性の向上を追求しています。政治においても、**「エビデンス・ベースド・**

ポリシー・メイキング」（EBPM）という、「確かなデータや根拠にもとづいた政策立案」の手法や考え方が内閣府によって提唱・推進されています［*1］。2022〜23年にかけて、**「それってあなたの感想ですよね？」**という言葉がバズワードになりました［*2］。確かなエビデンスやデータは相手を論破し自分の主張を通す武器にもなります。

こうした**「見える化」の恩恵**は計り知れません。テクノロジーの進化により、これまで見えなかったことが見えるようになり、私たちの暮らしの至るところで不便・問題・課題が「見える化」され、改善がなされ、日々の生活はどんどん便利で快適なものになっていきました。

社会正義や多様性社会を推進する観点でも、「見える化」は極めて重要な役割を果たしてきました。「見える化」によってこれまで**隠蔽されていた差別や不正を可視化**したり、社会全体の中でテーマアップされづらかった**マイノリティの人々の課題を浮き彫りにしてその人権を守る**一助となっていたりするからです。

＊1　内閣府におけるEBPMへの取り組み　https://www.cao.go.jp/others/kichou/ebpm/ebpm.html
＊2　ベネッセホールディングス調べ「進研ゼミ小学講座」の小学3〜6年生会員1万3816人（女子9238人・男子3691人・性別無回答887人）によると2022年の小学生の流行語ランキング第一位は「それってあなたの感想ですよね？」となり話題となりました。

見える化の大切さを否定する意図は筆者には一切ありません。
しかし同時に、「見える化」が行き過ぎてしまうことで、

「見える化できないもの＝価値がないもの」

という考えや価値観が、社会・ビジネス・人間関係において支配的になりすぎていやしないか？　本書では、そんな問題提起を、日々「見える化」された仕事の進捗・成果に追われているビジネスパーソンたちに投げかけたいと思っています。

ＥＣサイトの購買履歴やスマートフォンのデータに反映されない行動は、感情や欲望の中に存在しないものとして扱われていいのでしょうか？　ＳＮＳに素敵な「映え写真」が上がっているかどうかは、その人の幸福度を示すものなのでしょうか？　効率的で合理的、清潔で安全で便利な街は、若者がイノベーションやカルチャーを生み出していく苗床となれるのでしょうか？　私たちはエビデンスがなければ何も主張してはいけないのでしょうか？

もちろん、これらの問いの答えは「ＮＯ」です。

そんなことは誰もがわかっている。

それでも、現代はこの**「見える化」がもたらす恩恵があまりにも大きいからこそ、その流れに抗えず、ついつい見落としてしまうものが出てきてしまう**のです。

それは、数値やデータでは完璧に捉えることが難しい、

――喜び、悲しみ、怒り、恐れ、驚き、嫉妬、興奮、優しさ
愛情、友情、信頼、共感、感動、絆、尊敬
ロマン、夢、希望、憧れ、情熱、野心、希望
真理、善、美、倫理、正義、哲学
生命、魂、運命、死……

これらは、**私たちの人生、幸福、社会の根本を支えている本質的で普遍的で人間的な、「目に見えない価値」**です。

本書は、こうした「目に見えない価値」を掘り下げ、それを現代社会や経済に応用する方法を

探求していきます。

目に見えない価値を重視する「SBNR」って？

こうした目に見えない価値を重視する世界的な潮流として注目されているのが、

SBNR（Spiritual But Not Religious）

です。この言葉は、**「宗教的ではないがスピリチュアル」**という意味を持ち、**特定の宗教を信仰していないものの、精神的な豊かさを求める人々**（無宗教型スピリチュアル）**のこと**を指しています。このSBNR層は欧米を中心に拡大しており、例えばアメリカでは国民の約5人に1人が該当するという調査結果もあります。

日本人の感覚からすると「スピリチュアル」という言葉から過剰に神秘的なものをイメージす

る方もいるかもしれませんが、SBNRとは、物質的な豊かさよりも精神的な豊かさを重視する現代的なライフスタイルのことを指します。SBNR層が大切にしているのは、例えば健康的な食事、自然との触れ合い、マインドフルネス、文化や歴史に触れる旅、そして多様性やサステナビリティへの関心など、日常的かつ実践的な価値観です。

このSBNRという言葉は2000年代にアメリカで誕生し、新たな価値観として浸透しましたが、近年では、コロナ禍や気候変動、戦争などの世界的危機を受け、再び注目が高まっています。ハーバード大学のダリル・カテリン教授は、SBNR現象の背後にある要因について次のように述べました。

「SBNR現象の原因はテロや自然災害、パンデミックなどの社会環境の根本を脅かす大きな変革である。人々はこれまでのような価値観ではなく、より自らが人徳を持って社会を良くするために何かができないかと考えている」［＊3］

＊3　Darryl Caterine, Ph.D "The Rise of 'Spiritual but Not Religious' Is a Story of Hope"
ハーバード大学神学院「Harvard Divinity Bulletin」
https://bulletin.hds.harvard.edu/the-rise-of-spiritual-but-not-religious-is-a-story-of-hope/

コロナ禍を経て起きたＳＢＮＲ層の拡大と再注目は、**物質的豊かさの限界に直面した現代社会が選択した新たな方向性**を示しているとともに、**企業や経済活動、社会、共同体、そして私たちの幸福のあり方をアップデートするタイミング**が来ていることを示唆しているのではないでしょうか。

なぜ広告会社がＳＢＮＲの本を出すのか？

この本は、広告会社である博報堂ＤＹグループのメンバーによって執筆されました。

広告産業は「見える化」の波の最前線にあります。

消費者行動や広告効果をデータとして把握し、それを基に意思決定を行うエビデンスベースのマーケティングが主流になっています。どの商品がどこでどれだけ売れたのか、検索数や購買数といった具体的な成果が即座に示され、**広告の価値が数値で評価される時代**です。

この進化は、確かに効率や精度を向上させましたが、同時に「効果を可視化できない広告には価値がない！」という風潮も生んできました。しかし、**目に見えるデータだけで語れない価値を生活者と共有すること**もまた、広告の重要な役割です。広告は、ワクワクする未来を提示することで新しい需要を生み出すことが重要な機能ですが、データはあくまで「過去」のものでしかありません。**生活者と未来を語り合うためには、過去のエビデンスだけでは不十分**なのです。

博報堂は、**生活者発想**を掲げる広告会社で、本書の筆者であるストラテジックプラナーたちは、目に見える調査データや現象の背景にある深層的なニーズや価値を掘り下げ、「目に見えない価値」を見出して新しい価値として社会に提案していくことを日々の業務としています。

この本には、そんな「**生活者の目に見えない変化を見つけるプロたち**」が、「SBNR」というムーブメントを分析・考察した内容が盛り込まれています。「見えないもの」に光を当て、その価値を再認識することで、単なる広告やマーケティングの視点にとどまらず、私たちの暮らしに新たな可能性を提案するとともに、**社会や組織がこれから向かうべき未来を描いた一冊**です。

ＳＢＮＲはマーケティング・経営・社会課題解決にも取り入れられる

ＳＢＮＲという宗教や信仰、精神性に関わる人文科学的なテーマについて、「ビジネス書」という形で実社会での応用可能性を論じる理由についても簡単に触れておきましょう。

【日本への注目】

欧米のＳＢＮＲ層は、日本の精神文化（**禅、修験道、神道、武道、自然信仰、歴史、哲学**）**に高い関心**を持ち、自己成長や内面の充足のヒントを見出そうとしています。これはつまり、日本文化の持つ精神的価値が海外で評価される・競争力になる・ビジネスになる可能性を秘めているということです。

【巨大な世界市場】

また、世界的に宗教離れが進む中で、**「無宗教」はキリスト教、イスラム教に次ぐ3番目に多い〝宗教〟**とも言われており、無宗教者を対象にしたビジネスは今後**世界で巨大なマーケット**になっていく可能性を秘めています。２０２５年４月から開催予定の大阪・関西万博や、インバウンドツーリズムの世界ではすでにこの「SBNR」というターゲット層・新たな価値観をテーマアップした取り組みも始まっています。

【日本国内における多数の関連事例】

SBNRは海外発の概念／ムーブメントですが、そもそも日本でも類似する**「心の豊かさ」を追求する消費行動**は近年大きく拡大している他、**禅・哲学・宗教の教えを経営に取り込む**日本企業の動きも見られ始めています。

こうした観点から、SBNRは

1. インバウンドマーケティングや日本ブランドの海外ブランディングへの活用
2. 国内のマーケティング・ブランディング・事業開発への活用
3. 企業・団体・コミュニティの経営や組織づくり（人材・制度・文化づくり）への活用

といった非常に幅広い領域でビジネスとして応用可能なポテンシャルを秘めています。

また、「孤独」「メンタルケア」「環境」「分断と対立」などの、昨今よく取り沙汰される**心にまつわる社会課題**に対して、**日本独自のアプローチで世界にその解決策を指し示す**ことも可能だと考えています。

目に見えない価値を重視する新しいトレンドであるＳＢＮＲの日本市場における動向を体系的に分析・考察した書籍は、まだほとんど見られません。また、日本の宗教や精神文化を、マーケティング・ブランディング・企業経営や社会課題解決などの現実社会に応用していくことに焦点を当てて論じた書籍も稀です。

ビジネスパーソンが**ＳＢＮＲを仕事で応用する方法を考えるうえで最適な一冊**となっていると思います。

著者紹介

本書は、博報堂ＤＹグループに所属するメンバー5人による共著で書かれています。ＳＢＮＲ

はまだまだ知名度が低く、マニアックとも言える分野ですが、それでも、私たちがこのテーマで一冊の本を執筆するに至ったのは、メンバーそれぞれが**SBNRなバックグラウンド**を持っていたからでした。この5人のメンバーを簡単に紹介しましょう。

スピリチュアルの聖地
鶴岡生まれ／歴史オタク／
SIGNINGキャンプ部部長

牧 貴洋

（まき・たかひろ）スピリチュアルの聖地、山形県鶴岡市で生まれ育ち、現在は博報堂DYグループでソーシャルデザインを専門領域とするSIGNING社の代表。大学時代は歴史を専攻。趣味は歴史を二軸四象限マップで整理すること。夏場は社員を巻き込んだキャンプ活動、BBQ活動に勤しむ。マイルドなサウナー。2021年に「SBNR」の概念を知り、強い感銘を受ける。

僧侶／
博報堂ストラテジック
プラニング局

宮島 達則

（みやじま・たつのり）浄土宗の寺院に生まれる。大学時代約100日間の修行を修め、僧侶としての資格である僧籍を取得。仏教のみならず、キリスト教やイスラム教、新興宗教にも関心をもち、広く宗教に対する知識収集が好きな宗教オタク。趣味は国内の宗教施設めぐり。経歴を活かし、寺院のブランディングなどの業務も担当経験あり。

ヨガインストラクター／
スピ同好会部長／博報堂
ストラテジックプラニング局

橋本 明意

（はしもと・めい）幼少期から大学までクラシックピアノに没頭し、就職を期に引退。その後新たな生きがいを持ちたいと思ってはじめたヨガにハマり、ハワイで全米ヨガアライアンスの資格を取得。ヨガ仲間の影響でスピリチュアル探訪が新たな趣味に加わり、現在は社内の有志による「スピリチュアル同好会」の部長として本格スピからＢ級スピまで幅広く研究中。

ウェルビーイングプラナー／
弓道家／博報堂ストラテジック
プラニング局

伊藤 幹

（いとう・もとき）仏教と「心」をテーマにしたマンガエッセイを幼少期からの愛読書とし、学生時代は弓道に打ち込み明治神宮奉納年越射会にも参加するなど、ＳＢＮＲ的価値観を濃く持って育つ。趣味はサウナ・料理・御香。ウェルビーイング関連プロジェクトに多数携わり、２０２２年に朝日新聞とともにウェルビーイングな社会を推進する「ＷＥＬＬＢＥＩＮＧ　ＡＷＡＲＤＳ」を立ち上げる。

山伏／
博報堂ＤＹホールディングス
グループ人材開発室室長補佐

坪井 克諭

（つぼい・かつとし）中学・高校・大学と柔道に打ち込み、２００７−２０１３年の６年間の中国駐在生活で日本人としてのアイデンティティを強く意識する。２０２１年に山形で山伏の文化と出会う。２０２３年には出羽三山神社の山伏修行に参加し、山伏名「克勇（カツユウ）」をいただく。ここ最近の週末は専ら法螺貝の稽古に勤しんでいる。

私たちがＳＢＮＲというテーマに取り組むきっかけとなったのは、２０２１年のこと、牧がとあるビジネスカンファレンスで、アメリカでＳＢＮＲムーブメントが注目されているという話を耳にしたことが始まりでした。コロナ禍を通じて、価値観やライフスタイルが急激に変化していく中で、**この概念に可能性を感じた牧は、元上司の坪井とともに、ＳＢＮＲに関する研究と実践のプロジェクトを立ち上げ**ました。

その後、**ヨガインストラクターの資格を持ち社内でスピ同好会も立ち上げて活動していた橋本、日本の仏教文化を深く知る僧侶の宮島、ウェルビーイングをテーマにした業務で成果を上げていた伊藤**が加わり、それぞれの知識や経験、人脈を活かしながらプロジェクトは発展していきました。

書籍発刊に至るまでに私たちは多くの専門家や実践者と議論を重ねてきました。

・宮司、僧侶、山伏、大学教授、など**精神文化に関わるＳＢＮＲスペシャリスト**
・瞑想サービス事業者、ホテル経営者、飲食店経営者、飲料・食品・たばこ会社などの「**心の豊かさ産業**」**プレイヤー**

・官僚、自治体、地域のスタートアップ経営者、地方創生支援会社、グランピング事業者などの**地域価値化プロフェッショナル**

・在野のサウナオタク、キャンパー、ヨガ好き、占い好き、アイドルオタクなど**ＳＢＮＲライフ実践者**

専門的な視点から身近な生活者の視点まで、多岐にわたる人々からの学びとインスピレーションを通じて、これまでＳＢＮＲの理論と実践を深めてきました。本書は、こうした多様なバックグラウンドと実践を重ねてきた私たちが、ＳＢＮＲから創出する新しい時代の価値を探る中で生まれた成果です。理論と実践を融合させ、ＳＢＮＲを社会やビジネスにどのように活かせるか、その提案をこの一冊に込めました。

本書の構成

本書は、ＳＢＮＲの持つ多様な可能性を深掘りし、その実態から応用の具体例までを解説しています。

第1章｜SBNRなライフスタイルの実態

SBNRを実践する生活者たちのライフスタイルを分析し、彼らの価値観や行動パターンを明らかにします。具体的な調査データや事例を通じて、SBNRがどのように人々の生活に根付いているのかを解説します。

第2章｜SBNRの歴史と日本的宗教観

SBNRが世界で浸透していった歴史的背景を振り返りつつ、日本独自の宗教観との関係性を探ります。ここでは私たち独自の「精神的緩衝地帯」という考え方を使って、日本人の宗教観をSBNR的視点からひもといていきます。

第3章｜SBNRを応用する方法論

SBNR的感性を現実社会で活用するための方法論を紹介します。「脱・宗教」と「転・精神文化」という2つのフレームワークを軸に、SBNRの精神性を具体的な実践に落とし込むアプローチを解説します。

第4章―マーケティングとブランディングへの活用

SBNRの価値観が浸透することでマーケティングやブランド戦略に起きている変化と今後の活用方法を探ります。SBNRがもたらすマーケティングの拡張可能性について、具体的なアクション例も交えながら考察・提案を行います。

第5章―組織づくりへの活用

SBNRの浸透により、組織や人材育成の分野でも変化は起きています。人事や経営企画の観点から見たSBNRの組織運営への取り入れ方を提案します。

第6章―社会課題への応用と未来への提言

SBNRが企業やビジネスだけでなく、社会や世界の課題に対してどのような解決策を提供できるのかを考察します。特に、調和や共感を重視した未来社会のあり方について、SBNRが果たす役割を提言します。

本書は、以下のような方々を対象に執筆しています。

1―マーケティング・事業開発・広報担当者
新しい価値を創造し、それを伝える仕事に携わる方々。

2―人事・人材開発・経営企画担当者
組織や人材づくりに関わる職務を担う方々。

3―経営者・マネージャー
組織を率い、ビジョンや戦略を策定するリーダー層。

4―地域づくりに関わるプレイヤー
自治体や商工会、ＮＰＯなどで地域活性化に取り組む方々。

5―旅行・観光産業関係者

ＳＢＮＲ的感性を取り入れた観光プランや体験型サービスを提供したい方々。

６―宗教家や精神文化に関わる仕事をしている方々

ＳＢＮＲを通じて信者や社会との新しい関係性を模索する方々。

７―ＳＢＮＲな趣味やライフスタイルに興味を持つ方々

すでにＳＢＮＲ的な活動を楽しんでいる方、またはこれから始めたい方々。

本書を通じて、ＳＢＮＲ的感性がもたらす新しい価値観やその可能性について、多くの示唆を提供できることを願っています。

それでは、深遠なるＳＢＮＲの世界へ一緒に飛び込んでいきましょう！

著者を代表して
牧 貴洋

本書について

本書は、「人それぞれの価値観や信仰、信条を最大限に尊重すること」を大前提のスタンスとしたうえで執筆しています。


宗教、信仰、スピリチュアリティに関する言及・考察が多く含まれていますが、本書において特定の宗教や団体、地域、民族、文化を礼賛・推奨したり批判・貶めることは一切意図しておりません。無宗教層の拡大に関する言及もありますが、神の信仰を否定する意図も一切ございません。

著者の中には家業や個人の活動として特定の宗教・宗派に属するものもおりますが、本書においてはあらゆる宗教・信仰団体と利害関係のないフラットな立場から執筆しています。

様々な地域、コミュニティ、人の中でつむがれてきた信仰・思想・文化に対して最大限のリスペクトを持って学ばせていただき、そのなかから社会における活用可能性を探索してきました。

この本を通じて、世界中の多様な価値観、信仰、文化がより尊重される社会が広がることを心から願っています。

SBNRエコノミー――「心の豊かさ」の探求から生まれる新たなマーケット――目次

はじめに――なんでも「見える化」のエビデンスの時代に目に見えない価値を考えたい　002

1章――SBNRなライフスタイルの実態　029

アメリカでは5人に1人！　欧米で拡大するSBNR層　030
「SBNRな人」ってどんな人？　037
推し活も!?　「心をととのえる」ための様々な実践例　041
「S・B・N・R」の再定義：Soul, Body, Nature, Relationship　043
「S・B・N・R」はそれぞれがつながり合っている　046
「メンタル↕フィジカル」や「自分↕他者・世界」を統合的に捉える日本人の感性　048
日本人のSBNRな行動の多くはその背景に宗教的なルーツがある！　050
SBNR層の4つのタイプ分類　063
SBNRは伝統的価値観の現代的な再解釈である　068

2章――SBNRと日本人の宗教観　073

アメリカ発の概念であるSBNR　077

アメリカにおいては価値観の革命だった 079
マインドフルネスに傾倒したジョブズの影響 080
2020年代にSBNRが再注目される理由 082
日本人の「無宗教率」の実態は？ 084
宗教的行事は盛んでも「無宗教」、その背景にある宗教観とは 085
特定の教義や教祖に由来しない信仰心を持つということ 087
日本人の宗教心に広がる「精神的緩衝地帯」 090
Religious／Not Religious／Spiritual／Not Spiritualの4象限で考えるSBNRの立ち位置 093
世界各国で進む無宗教化、その実態は 095
価値観のパラダイム・シフトと根源的な問いに向き合う私たち 098
日本人ならではの宗教意識こそがSBNR理解のカギ 100
コラム 商人道と「SBNR」 102
3章 SBNRの実践メソッド：「脱・宗教」と「転・精神文化」 109
「脱・宗教」と「転・精神文化」：現代日本におけるSBNRムーブメントの解明 112

1―「脱・宗教」 116
インバウンドツーリズム：世界のSBNR層が注目する精神文化大国日本 119／出羽三山：宗教色を薄めることでインバウンドの目的地に 122／「脱・宗教」で地域をリデザインするメリット 126／ヨガ：「脱・宗教」によって一大マーケットに 128／「脱・宗教」的演出でスタイリッシュな健康習慣へ 129／「脱・宗教」しながら、本質的価値は見失わない 130／禅：「脱・宗教」によって多様なカルチャーへ 132／世界のニーズに応える禅の思想 133／世界で広がる「脱・宗教」ムーブメント 134

2―「転・精神文化」 136
日本の精神性を取り入れ進化したサウナ文化 138／道化：マンガ『サ道』による精神的探求 139／型化：サウナ体験のシンプルな過程と反復 140／聖地化：サウナの聖地化と巡礼の文化 143／「サ道」の示唆する文化的価値拡張 144／「推し活」として市民権を得たファンカルチャー 146／「推す」とは、「南無」することである――「道化」した推し活 148／推し活をクリエイティブに発展させた「型化」 151／推し活を一大産業に発展させた「聖地化」 153／「転・精神文化」した推し活が、日本人の「生きがい」になった 156／「転・精神文化」を取り入れる意義 157
「脱・宗教」と「転・精神文化」から得られる新たなヒント 159

コラム　日本のポップカルチャー人気の秘密は「神秘性」にあった？ 161

4章　シン（心・信）消費をとらえる「SBNRマーケティング」　167
SBNRのマーケティングへの活用可能性を探る　170
モノ消費、コト消費、そして、「シン消費」　171
SBNRマーケティングとは、テクノロジーの時代の「人間中心マーケティング」　175
1　観光産業と地域創生　178
宗教体験も解釈を変えれば市場が広がる 179／地域には観光資源として活用できる精神文化が溢れている 180／身近なところでも観光価値を生む精神文化がある 181／世界のツーリズムの新潮流と日本の可能性 182／SBNRの4つの視点で地域資源を捉え直す 183
2　施設・空間・体験　186
ライトな入口で親しみやすさを 187／奥深い体験への道筋も用意する 188／精神文化体験は「自然」とかけあわせることでより深い体験になる 189／自然と人間の融合が生む価値 190／自然の持つ「Awe体験」の効果 191／テクノロジーは精神文化体験を「楽行化」する 193／ジャーナリングアプリ「muute」：デジタル化で進化する「書く瞑想」 194
3　ライフスタイルに関わる消費全般　195
「道化」は、そのジャンルを楽しむ「文化的な奥行き」を作るアプローチ 197／「型化」は、消費行動のなかに特別なストーリーや哲学・美意識を作るアプローチ 197／「聖地化」は、特別な意味を持った場を作り、

物語性を強化するアプローチ 198／「リチュアル化」によるマーケティングの実践例：7つの「道」の提案 199
SBNRには、人と世界を「つなげる力」がある 203

5章 心の豊かさを起点に組織を考える「SBNR経営」 207

「目に見えない価値」が人材／組織にもたらすもの 209

1 「道化」に関連する事例分析 212

1 NTT「京都哲学研究所」：哲学者と経営者とのコラボレーション 213／2 JTグループパーパス「心の豊かさを、もっと。」 215／3 パーソルキャリア「〝はたらく〟を考えるワークショップ」 216／「内省＝道化」を積み重ねて形成される「価値軸」 218／倫理を持った人材／組織が育つ 219／内的動機によって動ける人材／組織が増える 222／〝本質〟の問いなおしの習慣化が、「価値軸」を作る 224

2 「型化」に関連する事例分析 225

1 『グッド・アンセスター わたしたちは「よき祖先」になれるか』 226／2 ダイセル「教育訓練センター」での体験型教育 227／「先人に学び、よき先人になる」ことで「時間軸」をひきのばす 229／ナラティブを共有している人材／組織が育つ 230／未来に希望を持てる人材／組織を育む 232／「型化」によってブレない軸を〝来し方行く末〟にひきのばす 234

3―「聖地化」に関連する事例分析　236
1―大手IT企業に見られる出社回帰の動き　236／2―「土徳」が引き出す精神性　238／3―地方への本社移転の動き　240／「場の力や身体性を取り込む」ことで「空間軸」を拡張する　241／身体でわかりあえる人材／組織を増やす　243／使命感をもってチャレンジする人材／組織を生み出す　244／AI時代の人間らしさは「リアルな〝場〟に〝身体〟を置けること」にある　246
経営者はなぜ「山伏体験」に魅かれるのか？　249

6章―世界の課題にSBNRができること　255
ホモ・サピエンス最大の武器は「想像力」だった　256
「想像力の喪失」と精神性の危機　257
1―SBNRが「孤独」を癒やす　261
「山で孤独を感じる人はいない」　261／孤独を受け入れることで孤独から解放される　262
2―SBNRが「利他」意識を育む　264
自分の大切なものを知ることで、他人の大切なものにも気づく　265／人だけでない、自然や社会への利他意識　266／個人主義の時代の新たな倫理基盤へ　267

3　SBNRが「家族」のつながりを再構築する　268
家族という伝統的共同体を「楽行化」する　268／より自由で快適な新しい家族のあり方の探求へ　270
4　SBNRが「環境問題」への解決策に新しい視点を提供する　271
テクノロジー、ルール、そして「感性」を通じた環境問題解決へ　272
5　SBNRが世界の「二元論的対立」を統合・融合する　274
成長か、脱成長か　275／保守か、リベラルか　275／制度的・文化的な「緩衝地帯」で融合を模索する　276／多様な価値観を包摂し、世界がつながりあう「目に見えないプラットフォーム」へ　278
コラム　エスペラント語――言語を通じた世界の包摂への挑戦　280
おわりに　SBNRとは、人間を自由にする感性である　283
参考文献・参考資料　292

1 SBNRなライフスタイルの実態

“毎日生きていくことが詩であり、宗教である。”

鈴木大拙『東洋の心』

アメリカでは5人に1人！　欧米で拡大するSBNR層

皆さんは「ＳＢＮＲ」と聞いて、どんな人を思い浮かべるでしょうか？

前述の通り、ＳＢＮＲは「Spiritual But Not Religous（宗教的ではないがスピリチュアル）」の頭文字をとった略語で、「特定の宗教を信仰しているわけではないが、仕事・人間関係や暮らしの価値観・ライフスタイルにおいて精神的な豊かさを求める」人たちのことを差します。

…と言われても、「精神的な豊かさ」って?といまいちピンとこないですよね。

また、「スピリチュアル」という言葉にはどうしても少し怪しげに感じられることもあり、自分とは全く関係のない世界と敬遠しがちでもあるかもしれません。

実際にはＳＢＮＲ層は、

「ヨガを健康法として楽しんでいるけれど、宗教的な教えには関心がない」
「自然の中で心を落ち着かせる時間が好きだが、それを宗教的なものとは結びつけていない」
「宗教施設の静けさや神聖な雰囲気が好きだが、そこに深い信仰は持っていない」

といった感覚を持つ人たちのことを指しています。こう言われて見れば、自分もそういうときがあるな、とか、自分の友人知人にもいるな、ともう少し具体的なイメージが湧くのではないでしょうか。

アメリカのリサーチ会社Pew Research Centerの調査によれば、2012年から2023年の約10年間でSBNR層はゆるやかに拡大し、現在では米国民のおよそ5人に1人がSBNR層に該当するとも言われています。

SBNRという言葉が捉える「スピリチュアル」とは、心霊現象やオカルト、それらと関連した怪しい商法を信じるという意味では

図1-1　アメリカで増加するSBNR層

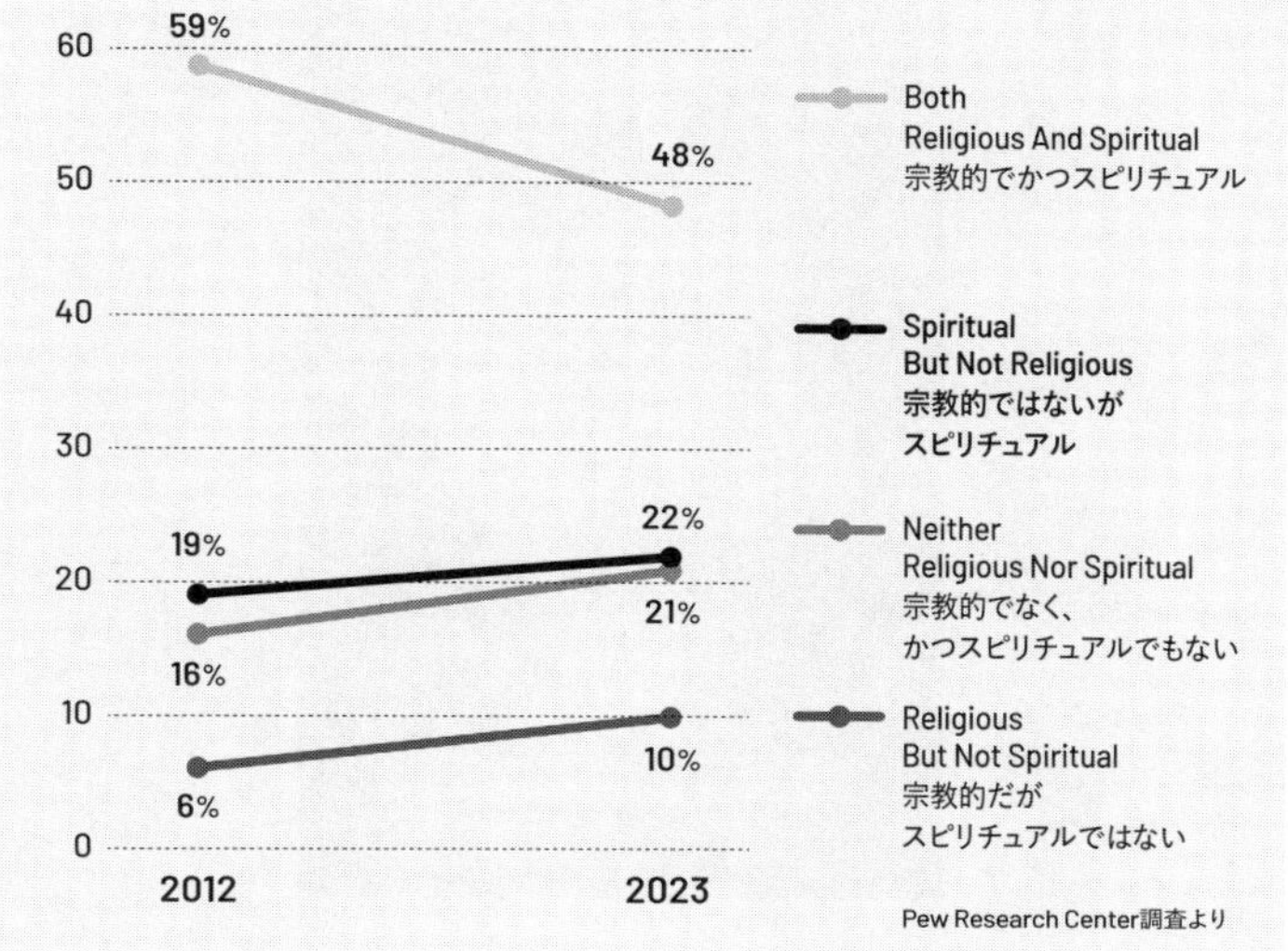

Pew Research Center調査より

ありません。健康的な食事、自然とのふれあい、リトリート（日常から離れた場所に身を置き、自身を深く内省するための時間を取ること）やマインドフルネス、多様性社会やサステナビリティなど、目に見えない精神的な価値をもたらすものへの関心が非常に高いことを指しています。

SBNRとは、**あらゆるモノが満たされた現代において、物質的な豊かさよりも精神的な豊かさを人々が求めるようになっていくという世界的な潮流**のなかで生まれてきた新しい価値観やライフスタイルということができそうです。

SBNRは、もともと2000年にアメリカのスピリチュアルカウンセラーのスヴェン・アー

SBNRの概念を最初に提唱した『Spiritual But Not Religious』

ランドソンの書籍『**Spiritual But Not Religious: A Call to Religious Revolution In America**（宗教的でないがスピリチュアル：アメリカ宗教革命への呼びかけ）』の中で紹介された概念で、この書籍を端緒としてアメリカを中心に広く浸透していったと言われています。

アメリカでは20世紀後半以降、脱キリスト教の動きが様々な文化ムーブメント（例えばヒッピーカルチャー等）と連動しながら進んできました。スヴェンの書籍はそうしたアメリカにおける宗教事情の時代的推移について「ＳＢＮＲ」という新たな視点から分析・考察したもので、以降、この言葉を人々が自分の宗教的スタンスを示す際に使うなど、一般的な言葉として定着していったようです。

そんな、いまからおよそ四半世紀前に生まれた概念が、**２０２０年代前半のコロナや戦争といった大きな世界的危機を経て、再び注目を集めています。**コロナ禍を通じて「ヒューマニズム」や「ウェルビーイング」、「メンタルヘルス」を重要視する人が増えたとされますが、ＳＢＮＲへの再注目もちょうどこの文脈の中に位置づけることができます。

このように、ＳＢＮＲとはもともと海外で生まれた、新しい生活者と価値観についての概念でした。しかし、こと日本においても、**心の豊かさを提供する「ＳＢＮＲ的」な商品やサービスはこの数年で非常に増えています。**サウナ、アウトドア、リラクゼーションドリンク（緊張やストレスをやわらげる成分が含まれたドリンク）、睡眠ケア商品、リトリートツアー、デジタルデトックスサービスなど。

日本におけるＳＢＮＲ層の割合は、実は他国と比較しても非常に多いことが、博報堂／ＳＩＧＮＩＮＧの行ったオリジナル調査から明らかになりました。日本・フランス・インドで20－69歳の男女を対象に調査した結果、日本のＳＢＮＲ層の割合は43％にのぼり、調査対象国中最も多いという結果となったのです。

これは「自分は無宗教」と自認している人が多い日本人の特徴を反映した、理解しやすい結果かと思います。そして、日本人の４割が該当！という結果からもわかるように、**ＳＢＮＲは決して一部のいわゆる「意識高い系」の人だけを指すわけではありません。**むしろ、私たちの身近な日常の中に息づいている感性です。

図1-2　SBNR層の国別割合

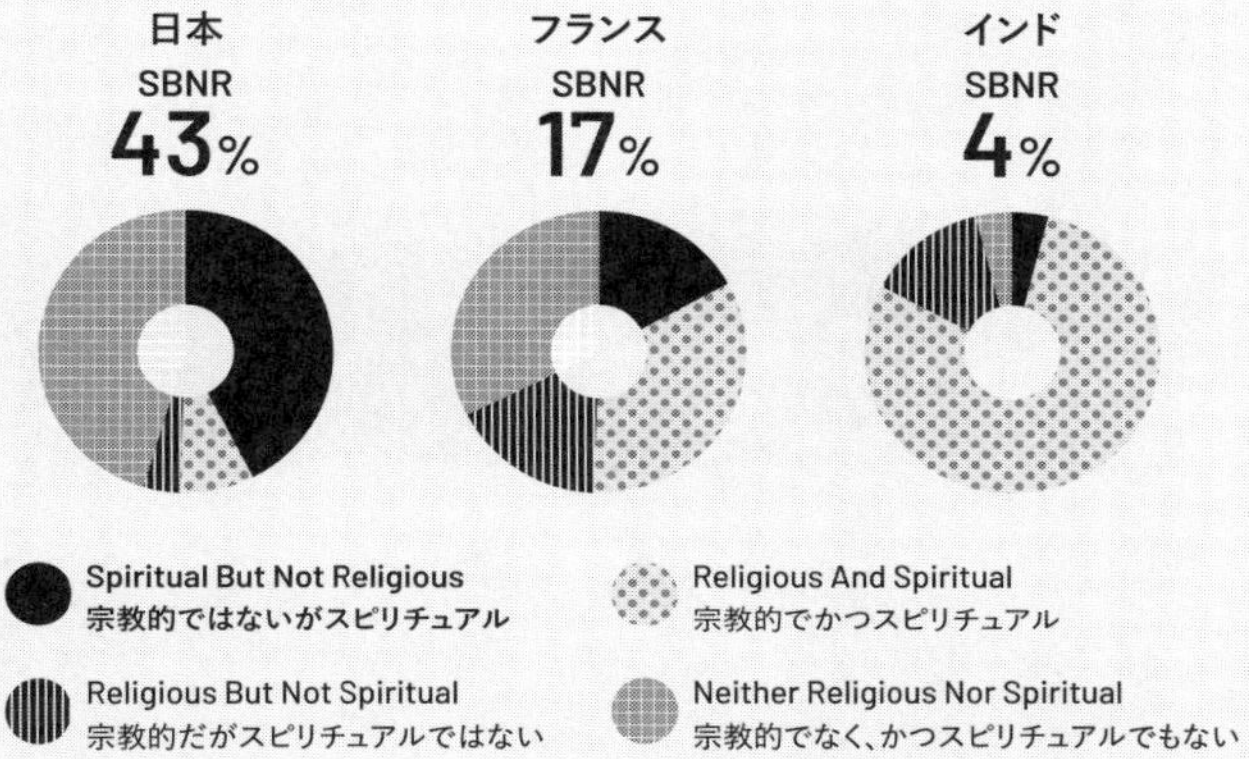

- インターネット調査
- 日本：1000サンプル／フランス、インド300サンプル
- 調査時期：2022年12月21-25日
- 分析に使用した質問項目

  1：「精神的な豊かさを大切にする暮らしを実践している」　あてはまる／ややあてはまる／どちらともいえない／あまりあてはまらない／あてはまらない

  2：「信仰している宗教がある」　あてはまる／ややあてはまる／どちらともいえない／あまりあてはまらない／あてはまらない
- SBNRの定義

  「精神的な豊かさを大切にする暮らしを実践している：あてはまる／ややあてはまる」&「信仰している宗教がある：あまりあてはまらない／あてはまらない」

※「スピリチュアル」という表現については日本では様々な含意があり、ネガティブに捉える人も少なくないため、リサーチ上は「精神的な豊かさを大切にする暮らしを実践している」という形で筆者側で解釈を加えたもので聴取。この聞き方を各国で揃えてアンケートを実施。

私たちの生活文化には、お墓参り、初詣などといった仏教や神道に関わる行事が広く普及していますが「自分は〇〇宗の信者だ」「神道の信者だ」という意識を強く持って行っている人は少ないでしょう。それでも、多くの日本人は、初詣に神社に行ったら鳥居をくぐる際に一礼をしたり、神仏の前で謙虚な気持ちになって手を合わせるといった行為を自然に行っていたりするものです。

そしてこの**SBNR層は若い世代（20代）で特に多い**という傾向も見られました。

日本において、こうした精神的な豊かさを求める生き方は、未来世代の標準の価値観に

図1-3　SBNR層は若い世代で特に多い

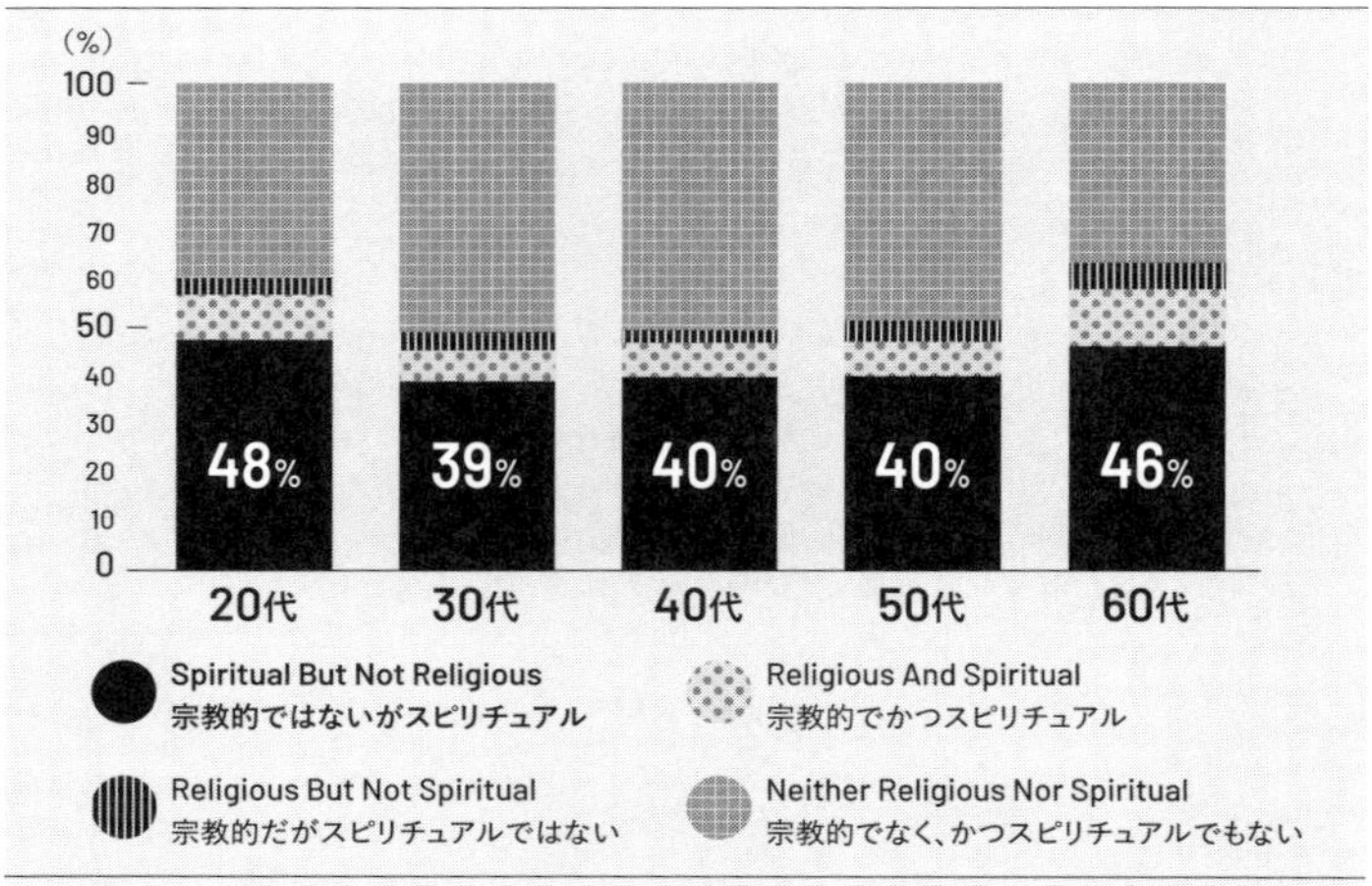

※サンプル数：1000s（各年代200s）
※定義に使用した設問項目「精神的な豊かさを大切にする暮らしを実践している」あてはまる+ややあてはまる×「信仰している宗教がある」あてはまらない+あまりあてはまらない

なっていくかもしれませんね。

「SBNRな人」ってどんな人？

日本人の４割が該当するこの「ＳＢＮＲ層」の特徴をもう少し詳しく見ていきましょう。

ＳＢＮＲ層の特徴としては、先程お伝えした「若年層が多い」ことの他に、

① **女性**が多い（男女比43：57）
② **平均世帯年収が高い**（６７８万円で全体平均よりも72万円高い）

といった傾向も見られます。生活意識や価値観においては、

③ **健康維持**に関心がある（59％／全体よりも11pt高い）
④ **旅行**に時間やお金をかけたい（53％／全体よりも８pt高い）

⑤**食生活**を充実させたい（45％／全体よりも9pt高い）

⑥**自分の感性**を磨きたい（29％／全体よりも7pt高い）

といった特徴が見られました。こうした消費意欲や知的好奇心の旺盛な生活者クラスターは、**ビジネスターゲットとして魅力的な層**といえますね。

この「SBNRな日本人」たちは、生活の中で具体的にどんなことをしているのでしょうか？　彼らが「心をととのえるためにやっていること」を定量的に分析していくと、

図1-4　SBNR層は有望なビジネスターゲット

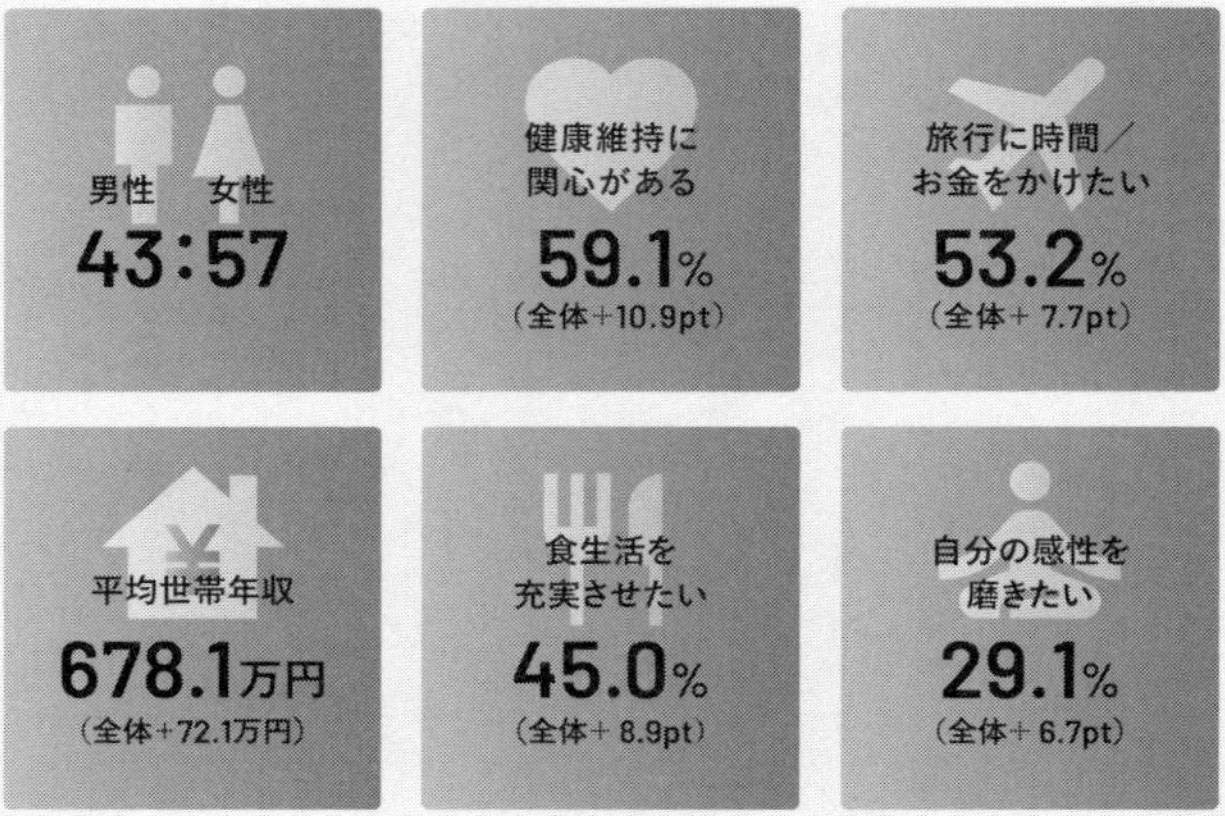

※ Base:SBNR 層（日本）サンプル数：422s

ヘルシーな食事（50・2%／全体に対して＋13・5pt）
十分な睡眠（80・6%／＋12・2pt）
掃除（69・4%／＋8・9pt）
お風呂（62・7%／＋8・3pt）
朝日を浴びる（43・0%／＋7・9pt）
いただきます・ごちそうさまを言う（73・7%／＋7・6pt）
お墓参り（45・6%／＋6・9pt）
ウォーキング（42・6%／＋6・7pt）

といった行動習慣が見えてきました。このデータからも明らかなように、「スピリチュアル＝精神的充足を得るための行動」という観点でやっていることの大半は、**何も特別な**

図1-5　SBNR層が「心をととのえるためにやっていること」上位10項目

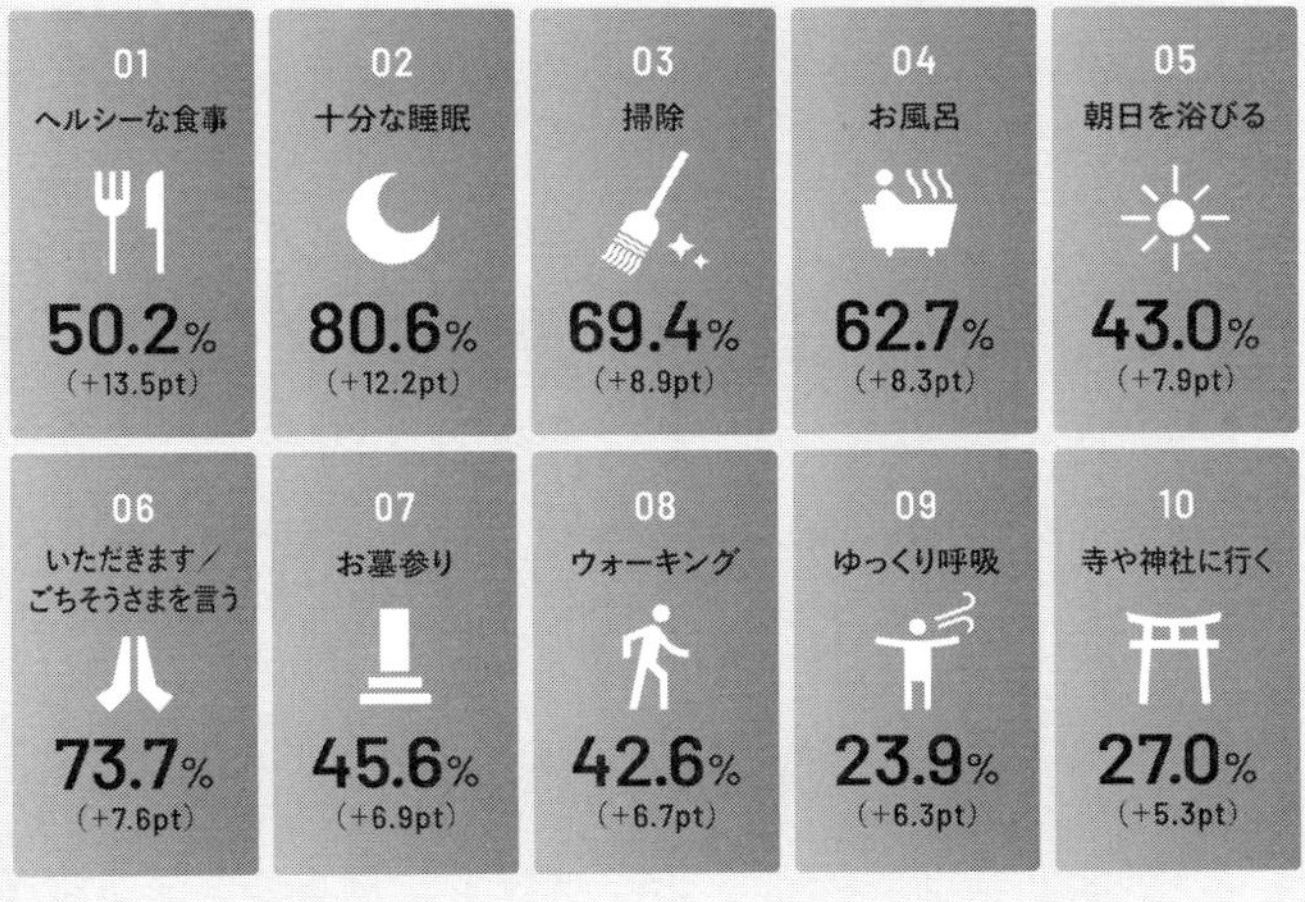

※ Base：SBNR層（日本）サンプル数:4225
※ 使用設問項目：SBNR行為頻度「欠かせない・意識的に行う」。（　）内は全体との差分

ものではない、食事・睡眠・入浴などのごくごくありふれた日常の行動です。このような「**心のメンテナンス」のためのささやかな行動が日常的に根付いていること**が日本のＳＢＮＲ層の大きな特徴だと言えます。

特に、**掃除**という一般的には面倒でストレスの原因にもなるようなことが「心をととのえるための行動」として挙がってくる点は興味深いと感じます。「断捨離」ブームや、「片付け」を精神的充足のための行為として提案したこんまり（近藤麻理恵）さんの影響が背景にありそうです。断捨離とはもともとヨガの教えから来るもの、仏教では掃除を自己修養のための「修行」として捉えるので、実は「掃除」と宗教はもともと結びついていたのです。

食事の前に十字架をきって神に感謝するのはキリスト教徒でよく見られる行動ですが、日本人の場合はそれが**いただきます・ごちそうさま**という行為に該当しそうです。こうした何気ない行為も、日常の中で一息ついて自分のリズムやペースを取り戻す大事な所作になっているんですね。「命をいただく」という考え方のルーツは仏教などの宗教にありつつも、現代では宗教的な行為ではない一般の作法・マナーとして広く普及しています。

お墓参りは、おそらく日本で最も一般化された宗教的行為でしょう。広く浸透しきってもはや一般的には宗教行事という感覚もかなり薄れていますが、それでもこうした行事が単なる季節レジャーや家族行事ということを超えて、「心がととのう行為」「家族とのつながりを見つめ直す行為」と捉えられていることは注目すべきでしょう。

自然の力を日常に取り入れるという観点で**朝日を浴びる**が挙がってくる点も興味深いですね。自然のエネルギーを日常生活の中に取り入れて日々の活力や心身のメンテナンスに活用しようとする行為には、自然の恵みに囲まれて生きてきた日本人ならではの感性の影響もありそうです。

推し活も!?「心をととのえる」ための様々な実践例

「心をととのえるためにやっていること」の自由回答からは、以下のような言葉も挙げられました。

【ひとり時間を作る】

「1日の終りにひとり時間を作る」（26歳女性）

「好きなカフェに一人でいって、自分の好きなものをゆっくり食べる」（31歳女性）

【体を動かす・大量の汗をかく】

「ランニングをする」（32歳男性）

「ホットヨガで頭を空っぽにする」（35歳女性）

「サウナに行く」（28歳男性）

【好きなものに熱中する】

「好きな芸能人の推し活をする」（37歳女性）

このように、日本のSBNR層は、食・睡眠・入浴などの日常的行為のなかで精神的充足を得るためのささやかな工夫・所作を心がけたり、ひとりになる時間、運動や汗をかく時間、自然に触れる時間、趣味や好きなものに熱中する時間などを意識的に作ったりして、心豊かな日々を送っているのです。

「S・B・N・R」の再定義：Soul, Body, Nature, Relationship

ここまで、SBNR層が実践しているライフスタイルを見てきました。これらからエッセンスを抽出し、「SBNRな暮らし」を生活者の価値観の視点から再定義してみましょう。

Soul（こころ）：自分自身を見つめ直す
Body（からだ）：身体感覚を研ぎ澄ます
Nature（しぜん）：自然に触れる
Relationship（つながり）：他者・先祖・歴史とのつながりを感じる

SBNR層とは、「S・B・N・R」の4つの要素を大切にして生きる人たちだと言えます。

Soul（こころ）とは、自分の内面を見つめ直し、自分にとって本当に大切なものに焦点を当てること。Body（からだ）は、体の動き・体への刺激を通じて、体本来の持っている機能を取り戻すこと。

Nature（しぜん）は、その名の通り、自然の息遣いや自然の持つエネルギーを感じること。Relationship（つながり）とは先祖や歴史、他者とのつながりを感じることです。

「SBNR」が「Spiritual But Not Religious の頭文字です」と言われても、多くの人はいまいちピンとこなかったり、「SBNRって、あれ、聞いたことがあったけど…どん

図1-6　SBNR層は「S・B・N・R」の4つの要素を大切にする

Photo by Getty Images

な人のことだっけ?」と思ったりしますよね。そんなときに、すぐにそのエッセンスにたどりけるように、

意識上の定義としての
Spiritual But Not Religious（宗教的ではないがスピリチュアルな人たち）を、

ライフスタイル特性としての
Soul／Body／Nature／Relationship（こころ／からだ／しぜん／つながりを大切にする人たち）

として捉えることで、この言葉が示す生活者像や価値観が理解しやすくなると思います。

ＳＢＮＲと似た概念として近年では「**Well-being／ウェルビーイング**」という言葉をよく耳にします。世界保健機関（ＷＨＯ）では、「肉体的・精神的・社会的にすべてが満たされた状態」を健康と定義し、Well-beingと呼んでいます。先程のＳＢＮＲの定義でいう、「Ｓ（こころ）」「Ｂ（からだ）」「Ｒ（つながり）」が満たされた状態に当たるので、非常に近い整理です。そして、WellbeingとSBNRとの違いは、後者が「自然」という要素を非常に重要視して捉えているところだということもわかります。歴史的に自然と共生してきた日本的な考えであり、SBNRとはある種の「日本流のウェルビーイング」のようなもの、とも言えそうです。

「S・B・N・R」はそれぞれがつながり合っている

そしてこのSBNRなライフスタイルを理解する際に重要なポイントは、Soul（こころ）／Body（からだ）／Nature（しぜん）／Relationship（つながり）の**4つの要素が、それぞれ独立して存在するのではなく、互いに深くつながり、高め合う関係にある**ことです。

例えば、**ウォーキングやランニング**は、体の健康やダイエットのためだけでなく、リフレッシュや気分転換のために行う人も多いと思います。こうした「からだ」と「こころ」はつながっているという感覚に自覚的になり、日常生活の中に体を動かす時間を取り入れることが、

ＳＢＮＲ層のライフスタイルの中では実践されています。

ＳＢＮＲの中には**キャンプやアウトドア体験**を好む人も多いです。こうした体験は自然を全身で感じることができるだけでなく、自然の中で薪割りやテント設営、料理などで身体を動かすことで、普段の生活で鈍ってしまった身体感覚を取り戻し、リフレッシュすることにもつながります。**からだ（Body）としぜん（Nature）が結びつき、より充実した体験**をもたらされるのです。

お墓参りのような行為は、先祖とのつながりを感じることで、自分を支えてくれる他者やコミュニティへの感謝が芽生えたり、自らの願いを振り返る内省的な時間になったりします。つながり（Relationship）がこころ（Soul）の安心感を生む、こころ（Soul）の内省がつながり（Relationship）への感謝を生むといった形で相互に影響し合いつつ、精神的な充足感をもたらすものです。

地域の文化や歴史に触れる旅行では、その土地の持つ豊かな自然やそれと共存し守り育んできた地域のコミュニティや文化的コンテキストとのつながりを通じて、こころ（Soul）、からだ（Body）、しぜん（Nature）、そしてつながり（Relationship）が一体となり、豊かな時間・体験や新たな気づきを与えてくれます。

「メンタル↕フィジカル」や「自分↕他者・世界」を統合的に捉える日本人の感性

このように、ＳＢＮＲ層が大切にするＳ・Ｂ・Ｎ・Ｒの４つの要素は、その一つ一つが密接に結びつき、相互に補完し合い、高め合う関係にあることがわかります。

その根底にあるのは、

「心と体は一体」

「自分は世界と歴史の一部」

という感性・感覚なのではないでしょうか。こうした観点をふまえると、ＳＢＮＲ的ライフスタイルとは、

メンタル⇔フィジカル
うち⇔そと

のように**「自分」や「世界」を二項対立ではなく不可分の一体になったもの**として捉え、「こころ・からだ・しぜん・つながり」の心地よさを融合させたり、そのバランスを総合的にマネジメントしたりしながら豊かな精神性を追求するライフスタイルといえます。

こころが心地よい。
からだが心地よい。
しぜんが心地よい。
つながりが心地よい。

図1-7 「こころ・からだ・しぜん・つながり」を一体として捉える意識

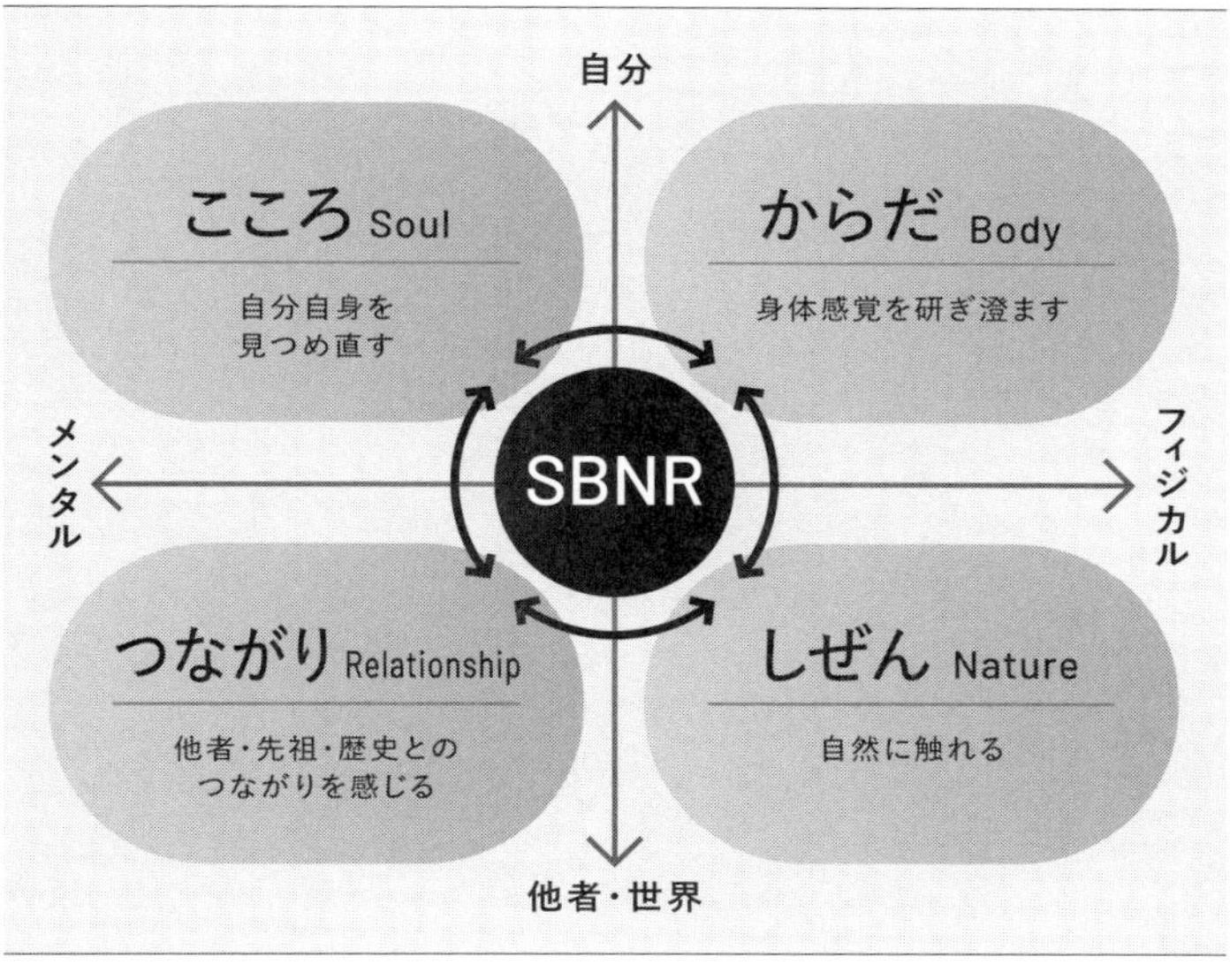

だから〝わたし〟が心地よい。

こうした感覚を持ちながら、日々の暮らし、仕事、趣味の時間を豊かなものにしていこうとすることが、私たちの考える「SBNR的感性・SBNR的ライフスタイル」です。

日本人のSBNRな行動の多くはその背景に宗教的なルーツがある！

SBNRとは、「こころ・からだ・しぜん・つながり」を大切にするライフスタイルであるとこれまで見てきました。ここではさらにもう一段階踏み込んだ理解として、その源流にある**日本独自の宗教や思想・哲学の歴史**についても触れていきましょう。

ここまで見てきた**日本人のSBNR的行動習慣は、宗教的ルーツを持つものが多い点**も特徴と言えます。日本人なら多くの人が自然に行っている行動の背景にある宗教的・哲学的源流とはなにか？「こころ・からだ・しぜん・つながり」というフレームワークに照らし合わせて見ていきましょう。

1　Soul：内省の哲学
2　Body：身体知
3　Nature：自然信仰
4　Relationship：祖先崇拝
それらを統合するものとしての
5　心身一元論
6　主客未分

について、それぞれ解説していきます。

1　Soul：仏教・禅の「内省」

Soul（こころ）とは、**「自分の内面を見つめ直し、自分にとって本当に大切なものに焦点を当てること」**だと定義しました。ここには、仏教が長らく最も身近な宗教であった日

図1-8　日本人のSBNR的価値観のルーツにあるもの

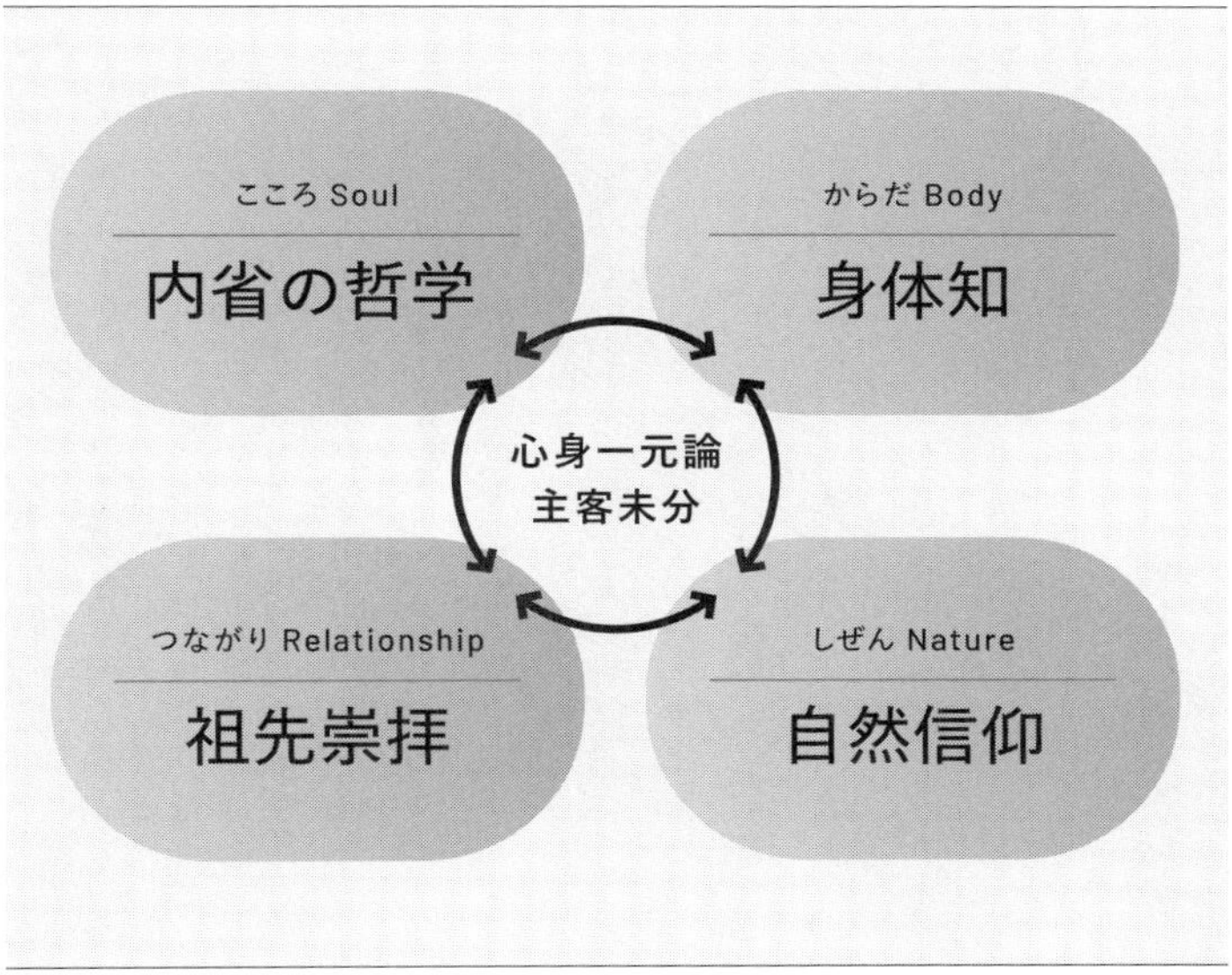

本人だからこその、「内省の哲学」という考え方があります。ＩＳＳＰ国際比較調査によれば、日本では「親しみを感じる宗教」では仏教が１９９８年から２０１８年まで1位を保持し続けています。

仏教には「悟り」という概念があります。欧米からすると**仏教は宗教というよりも哲学に近い**、と言われることもあるように、多くの仏教では、**誰かに与えられた固定的な使命や理想を追求するだけでなく、自らその理想のあり方を考え続ける態度こそが尊ばれます。**

その代表的な例が禅でしょう。禅とは日本で発展した仏教の教えの一つで、禅宗には様々な宗派流派が存在していますが、日本では坐禅を組み、己自身や問いと向き合う臨済宗の教えや、無心の境地を目指す曹洞宗の教えが主流です。禅はもともと中国由来の宗教ですが、かのスティーブ・ジョブズも日本の禅僧を通じて禅の持つ思想性を学んだとされています。禅の持つ内省性はミニマリズムと重なって、今日ではその価値が世界中で広く知られるようになりました。禅から宗教要素を排した瞑想やマインドフルネスは欧米で注目を浴び、東洋思想の実践的活用として企業研修などにも取り入れられるようになっています。

こうした、内省し、自ら考えるというアプローチは「**対機説法**」という仏教における対話方法にもそのルーツを辿ることができます。日本の仏教は数多の宗派に分かれますが、それはお釈迦様が悟りに至る方法を唯一のものとして定義せず、悩みを抱える目の前の人一人ひとりに対し、その人にあった教えを説いていたことにちなんでいるとされています。こういった説き方を対機説法と呼びますが、その結果として、キリスト、ユダヤ、イスラムなどの一神教の教義とは異なり、仏教において唯一絶対の教えというものは確立されませんでした。そうしたなかで、高僧たちは救われるための教えを内省を通じて探し求め、様々な人たちに向けた教えを確立していったのです。こうしたある種哲学的とも言える思想体系が現代の日本仏教文化を形づくっています。

2 | Body：武道・芸道の「身体知」

2つ目の「Body（からだ）」は、「**体の動き・体への刺激を通じて、体本来の持っている機能を取り戻すこと**」でした。これには、身体感覚を研ぎ澄まし、体の動きを通じて知識を得る、世界を理解する、自らの精神を鍛えるような、「**身体知**」という考え方を源流として見ることができます。

わかりやすいのは**スポーツと武道の違い**でしょう。例えば、アーチェリーと弓道は、いずれも弓と矢で的を狙うスポーツですが、その考えは大きく異なります。アーチェリーは競技であり、いかに矢を的の中心に当て、高い点を取るか、そして相手に勝つかが重視されます。一方、弓道はおのれと向き合い、正しい姿勢、体の動かし方によって弓を射ることが重視され、的に当たることは結果論に過ぎないと考えます［*1］。

こうした**身体動作を通して、自己修練を行う思想**は日本武道の特徴といえます。**体を動かすこと、体を動かして技を磨くことは、単に相手と競い、相手を打ち負かすのではなく、自分の精神を見つめ直し、修行するための行為であり、まだ見ぬ世界にたどりつくための探求**である。このような「道」的な考え方は、現代人が自己充足や自己成長のために行う行為（例えばサウナにおける「サ道」など）における身体性と知識・文化との関係性にも通ずるところがあると感じます。

武道や茶道において**「守破離」**という言葉があります。最初は師匠から型を学び（守）、ある程度学びを得ると、それを実践してよりよい作法を見つけようと試行錯誤し（破）、それらの実践の末に、型や作法を意識せずとも自らの身体が勝手に動くようになり新たな型を生み出す（離）。こうした**身体性をともなって蓄積された知識は「身体知」と呼ばれ、日本の芸能の流派や武道などの発展を支えてきました。**身体と知識を不可分なものとして捉える日本らしい文化継承のあり方と言えるでしょう。

3｜Nature：「自然信仰」

Nature（しぜん）は、**「自然の息遣いや自然の持つエネルギーを感じること」**です。**人の命を奪い、災いをもたらすものでありながら、同時に豊かな恵みをもたらすものとして、日本人は自然を捉えてきました。**大自然の中に霊的存在や大いなるエネルギーを感じ取る感性は、そこから生まれたものでしょう。

日本神話の物語には、自然や人間の営みに対する深い敬意と感謝が込められています。その中心にあるのが『**古事記**』という日本最古の歴史書です。この書物には、世界の創造や神々の誕生、人間社会の成り立ちが描かれており、**日本人が自然とどのように向き合い、共存してきたかを示す手がかり**が多く記されています。

例えば『古事記』では、天地がまだ分かれていなかった混沌の中から最初の神々が生まれ、そ

＊1 「全日本弓道連盟：弓道の心」https://www.kyudo.jp/howto/

の後イザナギとイザナミという男女の神が日本の国土や多くの神々を創り出したとされています。イザナギとイザナミが生み出した神々の中には、**自然に深く結びついた神々**も多数存在します。例えば、火の神であるホムスビノミコトや、雷の神であるタケミカヅチノオなどです。

これらの神々は、自然界の要素や現象そのものを象徴しています。日本では、**山や川、森、風、火といった自然のあらゆる部分に神が宿るという「八百万（やおよろず）の神々」という考え方**があります。これは、自然を単なる物理的な存在ではなく、畏敬すべきもの、大切にすべき存在とみなしてきた日本人の価値観を反映したものです。

特に、日本は自然災害が多い国です。地震や台風、火山の噴火といった災害は恐ろしいものですが、それと同時に、豊かな水資源や肥沃な土地などの恵みももたらします。日本人は、この**「厄災であると同時に恵みでもある」**自然と向き合い、その中に宿る神々に感謝し、敬意を払い続けてきたからこそ、現代の日本人の生活や文化にもこうした自然観が根付いているのです。

富士山をはじめ、日本には霊山と呼ばれる山が多数存在します。日本列島の地形は起伏が多く、火山地や丘陵地を含めると山地の面積は国土の75%を占めます。それだけ山は日本人にとって身近な存在であり、その雄大な姿は信仰を集めてきました。山岳信仰は、その後日本に伝来した密教と結びつき、修験道という日本独自の宗教にもつながりました。自然への畏敬の念をベースとし、異質なものを取り込んで、オリジナリティを持った一つの信仰として確立し、今日に至るまで継続させてきた歴史は、日本人の思想の懐の深さを示すものと捉えられます。

4 ｜ Relationship：「祖先崇拝」

Relationship（つながり）とは「**先祖や歴史、他者とのつながりを感じること**」です。儒教文化の影響を受けたアジア圏では祖先を神として祀る伝統がありますが、日本もご多分に漏れず祖先崇拝の文化がある国で、独自の発展も遂げてきました。こうした自分の**親、祖先、ひいては過去の先人たちへの敬意と信仰を持つ態度は、日本の宗教観を特徴づける非常に重要な要素**です。

日本の仏教行事に**お彼岸**がありますが、お彼岸は私たちが生きる現世と死者の世界が近づく期間とされており、実はインドや中国の仏教には見られない日本仏教独自の行事です。日本では、この世とあの世はつながっており、現世から先祖に働きかけることも、反対にご先祖様が現世の我々に働きかけることもできると信じられてきました。三途の川を一本飛び越えさえすれば生者も死者も同じ世界に生きていると考える日本の死生観は独自のものです。

日本全国にあるお祭りも、その由来の多くは先祖への感謝を捧げるものや、その土地の歴史に敬意を払うものとされています。例えば青森のねぶた祭りは、七夕まつりと精霊送りが結びついたものだという説があります。もとから今のねぶたが作られていたわけではありませんが、祭礼文化は形を変え今日まで引き継がれてきました。

こうした日本のお祭りはコミュニティの中心として、人同士、また過去と現在をつなぐ役割を担ってきました。このような感性は、**「過去の先人への想像力」**や**「歴史とのつながりへの感受性」**といったある種の**メタ認知能力**ともいえるでしょう。目に見えない「つながり」を感じ取り大切にする文化が、日本人には長らく根付いてきたのです。

5｜こころとからだは一つ：「心身一元論」

心と身体を一体で捉えるという点では、**「心身一元論」**という考え方にも触れておきましょう。武道の世界では、「心技体」と言葉が物事の要諦を表すのに用いられます。「心技体」は文字通り精神・技術・体力がバランスよく備わっている状態こそ目指すべき状態であるという考えです。似た表現に「健全なる精神は健全なる肉体に宿る」という古代ローマの言葉がありますが、こちらは肉体の優位性が勝っているので、「心技体」が示すものとは厳密には異なります。心が身体を支配するのか？　それとも、身体が心を規定するのか？　ここに優劣をもうけず、心身を統合して考える姿勢が日本の特徴といえるでしょう。

東洋医学では**「気」**が重要視されています。「気」とは一般に、生きていくための精神的・肉体的なエネルギーとされ、「気」の回復を手助けするために漢方薬が処方されてきました。**「病は気から」**という言葉がありますが、現代医学においても単に臓器の回復を助けるのではなく、患者のストレスや精神状態まで含め、統合的な回復を促すことが重要とされています。そうした潮流を受け、人間の心身を一体のものと捉える東洋医学の思想体系が注目を集めています。

欧米においてSBNR（や特定の宗教に依拠しない広義のスピリチュアリティ）は、ヒューマンケアに関する専門職に従事する人たち、医師、看護師、カウンセラーからも注目を集めていますが、科学ではいまだ完全に解明できていない「人間の意識や心」に関わる領域に対する有効なアプローチとして、東洋医学の考え方や知見も幅広く参照されています。

6――「自分」と「世界」は分けることはできない：「主客未分」

先程、**「自分は世界と歴史の一部」**という、自己（内界）と世界（外界）をひとつながりで考える感覚が日本的であるということに触れました。この点についてもう少し触れておきましょう。仏教に「不二」という考え方があります。これは、自他、善悪、美醜など対立するものが本質的に一体であるという思想です。二元的な対立を超え、すべてがつながり合い、調和して存在していると考えます。

こうした「うち」と「そと」を明確に分けない世界認識・自己認識を、哲学者の西田幾多郎は1911年に上梓した『善の研究』の中で**「主客未分」**という概念で説明しました。西田は主観と客観が分離される以前の状態を「純粋経験」とし、そこから「善」や「真理」の本質を考察していくアプローチを示しました。

西洋哲学では、デカルトの「我思う、ゆえに我あり」という命題に代表されるように、主観（自己）と客観（外界や他者）の区別が重視されます。それに対し、「主客未分」の状態とは、このような主観と客観がまだ分離されていない、あるいは統一されている原初的な状態と見なされます。

東洋思想、禅や道教、あるいは仏教の一部の教えにおいて、「主客未分」は悟りや無我の体験に関連して説明されることがあります。この場合、**主客の区別がなくなることは、煩悩や執着から解放され、万物と一体となった状態**を意味します。

例えば、禅の修行では、**瞑想を通じて自己と世界との区別が消失し、あらゆるものが一体となる境地に到達することが理想**とされます。なかなか概念的で難しい話ではありますが…このような考え方は日本の伝統文化にも反映されていると捉えることができるのではないでしょうか。

室町時代、能を大成した世阿弥の言葉に、**「離見の見」**という言葉があります。「離見の見」とは能の奥義の一つとして説かれ、**演者が能を舞うには、自分自身を離れ、舞う自分を舞台全体の中で客観的に捉える**ことが必要だという意味です。ここでは自分自身は主観を離れ、舞台の一部として捉えられています。自我と世界が融解し、一体となって美をなすことこそ、能の奥義であるということを世阿弥は伝えたかったのかもしれません。能は世界無形文化遺産にも登録されている日本が誇る文化ですが、そこには日本ならではの世界認識の仕方が息づいています。

歌舞伎や相撲の行事における「**襲名**」制度は日本では広く知られています。過去の優れた技量を持つ個人の名は、その家の権威や技術の高さを示すものとなり、いわゆる「名跡」として受け継がれていきます。襲名という行為は、**個人の名というアイデンティティを放棄し、その一族あるいは伝統の一部に自己を位置づける**とも捉えられるのではないでしょうか。自ら歴史の一部なることを名誉とし、その伝統を保ち続けてきたからこそ、日本の歌舞伎や相撲は世界に誇る日本の文化となったともいえるかもしれません。

ここまで、Soul／Body／Nature／Relationshipという4つの要素を一体で捉えて心地よさを追求していく行為の背景にあるものを、**「内省の哲学」「身体知」「自然信仰」「祖先崇拝」「心身一元論」「主客未分」**といったキーワードから見てきました。このような歴史的背景があるからこそ日本には「SBNRな人が多い」ということが改めて伝わったのではないかと思いますし、同時に、こうした**「目に見えないもの」を感じ取る感性や文化が日本にはいかにたくさん存在しているか**、ということを再認識いただくきっかけにもなったのではないでしょうか。

要は、日本は、**世界有数の「SBNR大国」**なんですね。そういう文脈から改めて世界で起きている潮流を見てみると、欧米を中心に起きているSBNRムーブメントとは、**「目に見えない日本の価値の再発見」**ともいえるのです。

SBNR層の4つのタイプ分類

1章の最後に、SBNR層の具体的なイメージをより明確に掴めるよう、このSoul／Body／Nature／Relationshipのフレームを用いてSBNR層を4つのタイプに分類したものをお見せします。この分類は、1000サンプルを対象にした定量アンケート調査に加え、執筆チームでこれまで行ってきたSBNR実践層へのインタビュー、有識者へのヒアリングなどの定性的なリサーチをもとに作成しました。それぞれが独自の価値観とライフスタイルを持ちながら、「こころ・からだ・しぜん・つながり」の要素を重視しています。

1. Soul Seeker（ソウル・シーカー）
2. Body Healer（ボディ・ヒーラー）
3. Nature Lover（ネイチャー・ラバー）
4. Relationship Builder（リレーションシップ・ビルダー）

1 Soul Seeker
ソウル・シーカー

精神的な成長や自己探求に関心があり、自分のための時間を大切にする人々

ペルソナ像

- 週末にヨガスタジオで瞑想を楽しむ20代のデスクワーカー。
- 仕事に行き詰まり、自己啓発書を手に人生を見直そうとする30代の会社員。
- 朝のランニングが日課の50代の経営者。

ライフスタイルの特徴

日常の忙しさや人間関係に流されすぎず、自分のための時間を意識的に確保することを心がけている。毎日簡単にできるルーティーンのなかで、小さな心の平穏を感じられる瞬間を重視する。

興味関心分野

- ヨガ、瞑想・絵画、作曲、陶芸、刺繍など集中力を要するクリエイティブな趣味
- 自己啓発書の読書
- ミニマリストやシンプルライフ

食や旅に求めるもの

- バタバタしがちな朝や仕事の合間に心を落ち着かせて「自分のための時間」を作ってくれるコーヒータイム
- 寺社や瞑想リトリートなどの静かな環境で一人の時間を楽しめる宿泊施設
- アートや文化に触れて教養を深められる都市型観光スポット

2 Body Healer
ボディ・ヒーラー

心と体をととのえる活動を楽しみながら気軽に実践する人々

ペルソナ像

- 仕事終わりにジムでストレス発散する20代のITエンジニア。
- 家事の合間にYouTubeでヨガを楽しむ30代。
- サウナで「ととのう」ことを趣味にする40代の営業職。

ライフスタイルの特徴

健康や美容を「頑張る」のではなく、「楽しむ」ものとして捉え、日常の中で気軽に実践している。サウナやジムは、日々のストレスや疲労を癒やしたり、気分をリフレッシュさせるための場としての側面も強い。

興味関心分野

- ジムやフィットネス、サウナでの習慣的なケア
- 最新のウェルネスグッズやヘルスケアトレンド

食や旅に求めるもの

- 運動後に身体への負担少なくリフレッシュできる炭酸飲料やノンアルコールドリンク
- フィットネスやスパ施設が充実したウェルネスリゾート
- アウトドアスポーツが楽しめる自然豊かなエリア
- 温浴施設が整備されたトレッキングルート

3 Nature Lover

ネイチャー・ラバー

**自然とのふれあいを通じて
心の癒やしや解放感を楽しむ人々**

ペルソナ像

- 週末になると車で近郊のキャンプ場に出かけ、家族や友人と焚火を囲む30代のオフィスワーカー。
- 朝早く地元の山に登り、景色を写真に収めるのが趣味の40代の学校教員。
- 庭でのガーデニングや、自宅のベランダで小さなハーブ園を楽しむ50代。

ライフスタイルの特徴

日常の中に自然との触れ合いを意識的に取り入れる。週末に出かけるキャンプやピクニックだけでなく、通勤途中の街路樹や家庭菜園といった身近な自然も楽しむ傾向がある。

興味関心分野

- キャンプやピクニックなど気軽なアウトドア体験
- 星空観察やバードウォッチングのような静かな活動
- 地球環境保護やサステナブルな生活

食や旅に求めるもの

- 自然の味が楽しめる果物や炊き込みご飯
- 自然体験が充実したエコツーリズムスポット
- 景色が美しい宿泊施設やキャンプ場
- 自然と共存する地元の文化に触れられる滞在型観光

4 Relationship Builder
リレーションシップ・ビルダー

**地域や人とのつながりを大切にし、
交流や貢献を通じて精神的な満足感を得る人々**

ペルソナ像

- 地元商店街の活性化イベントを企画する40代のカフェオーナー。
- 子どもの学校行事をきっかけに地域活動に参加し始めた30代のITエンジニア。
- 地域の清掃ボランティアを趣味として楽しむ退職後の60代。

ライフスタイルの特徴

日常生活の中でコミュニティとのつながりを楽しむ傾向がある。地域活動や共同体の中で、他者との交流や役割を見つけることが生きがいとなっている。

興味関心分野

- 地域の祭りや伝統行事への参加
- 地元で開催されるワークショップやイベント
- ボランティア活動やソーシャルプロジェクト

食や旅に求めるもの

- 地域の特産品を使った手料理やパン屋の地元食材サンドイッチ
- 地域文化や伝統を学べるイベント型ツアー（例えば、郷土料理作りや伝統工芸体験）
- 地元の人々と交流できる滞在型宿泊施設・観光地の裏側を知るエコボランティア旅行

ここまで紹介した4つのタイプそれぞれが、「こころ・からだ・しぜん・つながり」という要素のいずれかに強い関心を持ち、そこから精神的な豊かさや充足感を引き出しています。このときのポイントは4つの要素が決して単独で存在しているわけではなく、互いに絡み合い、影響を与え合っているということでした。

例えば、Soul Seekerが自然に触れることで内面的なインスピレーションを得たり、Nature Loverが体を動かす行為を通じて心の安定を感じたりするように、**一人の中に複数のペルソナ特性が共存**することもありますし、**日々の暮らしの中で誰もが少しずつ実践できる**要素を含んでいます。特定の属性やライフステージに限られたものではなく、**あらゆる人が自分なりのバランスを持ちながら実践可能**であること。これこそが、SBNR的なライフスタイルの魅力であり、可能性の広がりを示していると言えます。

SBNRは伝統的価値観の現代的な再解釈である

SBNRの根底にある価値観を深く掘り下げていくと、その背景には非常に長い宗教的・思想的・文化的な歴史があります。しかし、これが単に**「古き良き日本の伝統を見直そう」という懐古趣味や過去への回帰にとどまるものではないという点は、非常に重要**です。むしろ、SBNRは**伝統の本質を現代的に再解釈し、新たな価値を創造する動き**といえます。

日本人は何世紀にもわたって「こころ」「からだ」「しぜん」「つながり」といった要素を大切にし、それらを統合的に扱う生活文化を育んできました。こうした価値観は、宗教儀礼や伝統行事といった形式を超えて、日本人の感性や日常の暮らしの中に根付いています。

しかし、これまでの伝統的な行為は、多くの場合、共同体を中心に、統一された方法で実践される、どちらかというと受動的で義務的に執り行うという側面の強いものでもありました。特定の季節に特定の行事を行うことは地域や家族の当然のしきたりとして求められ、それを忠実に守ることが当たり前のこととされてきました。**形式やルールが優先され、行動の目的や意味を個々人が深く考えることは必ずしも必要とされなかった**のです。

一方、現代のSBNRムーブメントでは、こうした**形式的な側面を脱構築し、行為そのものを個人の好奇心や価値観に基づいて再解釈すること**が重視されています。例えば、かつては僧侶が修行の一環として歩いていた山道を、現代人が「パワースポット巡り」や「ネイチャートレッキング」という形で、自発的に楽しむようになったのはその一例です。

SBNRは**「個」を尊重する価値観の中で進化**しています。現代社会では、個人の多様性や自由が重視されるようになり、精神的な充足を追求する方法も一人ひとり異なるものとなっています。これは、伝統的な儀礼が共同体主体で行われてきた過去とは大きく異なる点です。例えば、かつては集団で行う祭祀が中心だったものが、今ではヨガや瞑想、リトリートなど、**個人が自分のペースで選択できる活動へと多様化**しています。

SBNRの進化は、過去の文化や伝統を否定するものではなく、それを**現代の文脈で「再編集」し、新しい価値を創造する動き**です。例えば、修験道に由来する山岳信仰の伝統が、現代では森林セラピーやエコツーリズムという形で新しい生命を得ているように、SBNRの思想は新たな経済活動や文化創造の起点となる可能性を秘めています。

SBNRは過去の伝統を受動的に再現するだけのムーブメントではありません。それは、**「こ**

ころ」「からだ」「しぜん」「つながり」という普遍的な価値を、個人の自由と現代社会のニーズに合わせて再構築するプロセスです。これからの章では、このSBNRがどのようにして個人や社会、ビジネスに新しい価値をもたらすのか、その可能性をさらに掘り下げていきます。